PENSAMIENTO POSITIVO

El Mejor Poder Del Pensamiento Positivo, La Felicidad, Y Las Afirmaciones

(Los Mejores Métodos, Trucos Y Pasos Para Disfrutar De Una Vida Exitosa)

Rafel Haro

Publicado Por Daniel Heath

© **Rafel Haro**

Todos los derechos reservados

Pensamiento Positivo: El Mejor Poder Del Pensamiento Positivo, La Felicidad, Y Las Afirmaciones (Los Mejores Métodos, Trucos Y Pasos Para Disfrutar De Una Vida Exitosa)

ISBN 978-1-989808-67-2

Este documento está orientado a proporcionar información exacta y confiable con respecto al tema y asunto que trata. La publicación se vende con la idea de que el editor no esté obligado a prestar contabilidad, permitida oficialmente, u otros servicios cualificados. Si se necesita asesoramiento, legal o profesional, debería solicitar a una persona con experiencia en la profesión.

Desde una Declaración de Principios aceptada y aprobada tanto por un comité de la American Bar Association (el Colegio de Abogados de Estados Unidos) como por un comité de editores y asociaciones.

No se permite la reproducción, duplicado o transmisión de cualquier parte de este documento en cualquier medio electrónico o formato impreso. Se prohíbe de forma estricta la grabación de esta publicación así como tampoco se permite cualquier almacenamiento de este documento sin permiso escrito del editor. Todos los derechos reservados.

Se establece que la información que contiene este documento es veraz y coherente, ya que cualquier responsabilidad, en términos de falta de atención o de otro tipo, por el uso o abuso de cualquier política, proceso o dirección contenida en este documento será responsabilidad exclusiva y absoluta del lector receptor. Bajo ninguna circunstancia se hará responsable o culpable de forma legal al editor por cualquier reparación, daños o pérdida monetaria debido a la información aquí contenida, ya sea de forma directa o indirectamente.

Los respectivos autores son propietarios de todos los derechos de autor que no están en posesión del editor.

La información aquí contenida se ofrece únicamente con fines informativos y, como tal, es universal. La presentación de la información se realiza sin contrato ni ningún tipo de garantía.

Las marcas registradas utilizadas son sin ningún tipo de consentimiento y la publicación de la marca registrada es sin el permiso o respaldo del propietario de esta. Todas las marcas registradas y demás marcas incluidas en este libro son solo para fines de aclaración y son propiedad de los mismos propietarios, no están afiliadas a este documento.

TABLA DE CONTENIDO

Parte 1 1

Introducción 2

Capítulo 1 4

¿Qué Es Tener Pensamientos Positivos? 4

ACTITUD MENTAL POSITIVA.. 4
USE EL PENSAMIENTO POSITIVO PARA CREAR UNA ACTITUD MENTAL
POSITIVA 5
CÓMO EL PENSAR DE FORMA POSITIVA PUEDE CAMBIAR TU VIDA 7
LA HISTORIA DE JENNY 8

Capítulo 2 13

Beneficios De Pensar De Forma Positiva 13

¿CUÁLES SON LOS BENEFICIOS DE PENSAR POSITIVAMENTE? 13
El Pensamiento Positivo Es Bueno Para La Salud................ 15
Te Permite Alimentar Relaciones Armoniosas 16
Ser Positivo Te Permite Crear Una Mejor Primera Impresión 17
Ser Positivo Es El Tiquete Al Éxito 17
Convierte Tus Problemas En Grandes Oportunidades 18
La Abundancia Te Llega Fácilmente..................................... 19
El Pensamiento Positivo Es Un Buen Motivador.................. 20
¿CÓMO PUEDE EL PENSAMIENTO POSITIVO MEJORAR TU VIDA? 21
Tu Sistema Inmunológico Mejora. 21
Controla Tu Presión Arterial Alta 22
Incrementa El Poder De Recuperación................................. 23
El Pensamiento Positivo Agrega Años A Tu Vida 23

Capítulo 3 24

Hábitos De Los Pensadores Positivos 24

Mantener Un Diario De Gratitud.. 25
Ver Los Retos En Una Perspectiva Diferente. 25

No Tomes Los Rechazos Como Algo Personal. 26
Piensa Positivamente, Todo El Tiempo. 27
En Lugar De Decir Tener, Di Puedo..................................... 27
Rodéate De Personas Positivas. 28
Sólo Respira. 28
*En Tiempos De Tragedia, Inspírate En Los Héroes Modernos.
.... 29*

*No Solo Pienses En Los Problemas, Siempre Trae Soluciones
También. 29*
Haz Sonreír A Otra Persona. 29

Capítulo 4 31

La Ley De La Atracción 31

APRENDE A USAR LA LEY DE LA ATRACCIÓN 32
¿La Ley De Atracción Es Real?.. 32
PENSAMIENTO POSITIVO Y LA LEY DE ATRACCIÓN.......................... 33
Mantente Enfocado En Tus Deseos.................................... 35
Mira Tus Problemas Con Nueva Perspectiva. 35
Desafía La Forma En Que Piensas...................................... 35
Centrarse En Un Plan De Acción. 36
Sé Agradecido, Todo El Tiempo.. 37
Deja De Resistir. 37
Vivir En El Momento Presente. 38

Capítulo 5 39

Practique La Ley De La Atracción Y El Pensamiento Positivo
.... 39

1. *Meditar... 40*
2. *Saber Lo Que Quieres. 40*
3. *¡Debes Pedirlo - Con Convicción! 41*
4. *Crear Una "Lista De Deseos"................................ 42*
5. *Sea Consciente De Lo Que Siente Mientras Se
Visualiza Con El Deseo Hecho Realidad 43*

Capítulo 6 44

Afirmaciones Positivas... 44

Para La Abundancia Y Prosperidad 44
Para El Éxito 45
Para La Confianza En Sí Mismo 46

Conclusión 47

Parte 2 49

Introducción 50

Capítulo 1: ¿Qué Es Una Mente Positiva? 52

Capítulo 2: Comenzando Un Ciclo Positivo 60

Capítulo 3: Mantener La Bola Rodando 65

Capítulo 4: Saltar Sobre Trampas Y Escollos 70

Capítulo 5: Crear El Éxito A Través De La Visualización 77

Bono: Crear Otras Mentes Positivas 81

Conclusión 86

Parte 1

Introducción

Gracias por descargar este libro.

El objetivo de este libro es darte un mejor entendimiento acerca de la mentalidad positiva y la Ley de la Atracción. Explica en qué consiste la mentalidad positiva y nos enseña en cómo esta mejora tu vida. Así mismo, descubrirás los hábitos de pensadores positivos y aprenderás sobre sus técnicas diarias para poner en práctica el poder del positivismo.

Asimismo, obtendrás una mejor comprensión de los principios de la Ley de Atracción. Hay consejos en este libro sobre cómo puedes usar la Ley de Atracción junto con pensamientos positivos para hacer cambios drásticos en tu vida.

De la misma forma, te proveeremos con

ejercicios diarios y afirmaciones, las cuales te ayudarán a manifestar tus esperanzas y deseos.

Espero que disfrutes la lectura de este libro.

CAPÍTULO 1

¿Qué es tener pensamientos positivos?

Pensamientos positivos es simplemente una actitud mental en la cual se prevé tener solo buenos resultados. Es el proceso de crear convicciones y pensamientos que pueden brindarte una realidad diferente, una en la cual las cosas salgan a tu favor, sin importar las circunstancias.

El propósito del pensamiento positivo es crear una perspectiva la cual concluirá en una realidad mucho mejor de la cual se escogió para sí mismo.

Actitud mental positiva

Tener una actitud positiva te permite

incrementar tus logros al utilizar procesos para pensar de forma optimista. Podemos desarrollarlos al observar y aprender de nuestro alrededor. Una actitud positiva is parcialmente alcanzada cuando logras ver lo bueno en otras personas, comportamientos, eventos y circunstancias.

Sus resultados no pueden ser medidos, así que, una actitud positiva es más que un concepto o un proceso, es una filosofía y una buena forma de enfrentar la vida.

Use el pensamiento positivo para crear una actitud mental positiva

Escribir declaraciones positivas y repetir afirmaciones positivas pueden detonar una actitud mental positiva, lo cual resulta en una sucesión de eventos positivos.

Una *afirmación* es una declaración positiva, en la cual aceptas que lo que se declaró es real y lo manifiestas en todo momento. En cuanto más repitas la afirmación en tu cabeza, más incrementará en tu mente el entendimiento y aceptación de ese pensamiento o convicción. La mayoría de los defensores del pensamiento positivo dicen que el uso de afirmaciones y el pensamiento positivo reprograman de manera efectiva su cerebro mediante la repetición constante y el enfoque en el momento presente. Los resultados esperados que se manifiestan son circunstancias positivas.

Tu declaración de afirmación manifiesta tu estado mental y expectativa, y reconoce la realidad actual que existe en la mente y el cuerpo.

Las afirmaciones no son cuantitativas. Estas son ideas espirituales basadas en "lo que está adentro es afuera, como es arriba es abajo". Es una idea universal presentada en varias obras religiosas.

La práctica de pensar de forma positiva brinda resultados en formas que no imaginó: un nuevo y mejor trabajo, puertas abiertas de oportunidades, experiencias más satisfactorias y relaciones más significativas.

Cómo el pensar de forma positiva puede cambiar tu vida

Un pensamiento negativo puede llevar a otro, y otro, y otro; hasta que se convierte en un círculo vicioso que puede conducir a la depresión. Llegará un momento en que el pensamiento negativo se ha apoderado de toda tu vida, que no sabes cómo romperlo. Se atascará en un lugar dónde el pesimismo determina cómo transcurre tu día y, como consecuencia, toda tu vida.

Llegarás a un punto donde sabrás que quieres un cambio en tu vida, pero no sabrás por dónde ni cómo empezar. Mientras encontrarás muchos consejos, información y guías en cómo transformar tus pensamientos negativos en positivos, aun así, no podrás convencerte de creer en todos ellos. Aunque todos tus esfuerzos solo te hayan brindado un resultado temporal, aún hay esperanza.

En vez de intentar sobrellevar tu negatividad por ti mismo, ¿tal vez necesitas alguien quién pueda pueda ayudarte en cada paso hacia ese nuevo camino?

La historia de Jenny

Jenny tocó fondo en su vida. El fallecimiento reciente de su padre fue demasiado abrumador para ella, lo cual le provocó agitación y ansiedad en su vida. Ella estaba a punto de perder el control.

Ella sabía que solo tenía dos opciones: admitir el fracaso y seguir compadeciéndose de sí misma, o levantarse y empezar el proceso de curación.

Si bien la primera opción pudiera haber

sido la más tentadora y la más fácil durante ese tiempo, ella percibió que la mejor era la segunda opción. Ella fue capaz de encontrar en sí misma, a pesar de estar enfrentando el desafío más duro de su vida, la fuerza y la voluntad de perseverar.

Así que, ella empezó a buscar respuestas en cómo podía curarse. Al principio, se sumergió en diferentes clases de foros, lo cuales estaban dirigidos a aquellos que están pasado por la misma situación. Sin embargo, en vez de darle un giro a su vida, se deprimió aún más al darse cuenta de las distintas luchas con los cuales lidian otras personas. Esto empeoró la situación.

Luego, por un golpe de suerte o simplemente por coincidencia, se topó con algunos oradores increíbles que enseñan a las personas cómo cambiar sus vidas a través del pensamiento positivo. De repente, a Jenny le quedó claro que era simple: si cambia sus pensamientos, ¡cambiará su vida!

Ella comenzó a leer y mirar videos. Muy

pronto, ella encontró la clave: aprender a perdonarse a sí misma por la duda y a perdonar a otros que la han decepcionado. Una vez que aprendió el arte de perdonar, comenzó a cambiar sus pensamientos.

Con el perdón fuera del camino, comenzó a verse a sí misma como una mujer competente. Ella comenzó a aprender cómo aceptar sus defectos y aumentar aún más su fuerza.

Ella aprendió a crear afirmaciones y las combinó con tener una actitud mental positiva. Cambiando sus pensamientos, se dio cuenta de que había estado enojada con su padre por haberla dejado sola. También se dio cuenta de cómo se había aferrado a su resentimiento hacia aquellos que no veían su valor. Se dio cuenta de que sus pensamientos estaban llenos de negatividad, tanto que se apoderó de su vida. Ella culpó a otras personas por su miseria, cuando la verdad es que ella fue la culpable.

Lentamente, ella aceptó que tenía que perdonarse y tenía que perdonar a otros.

Ella aprendió que la única persona que puede cambiar su vida era ella. En el momento en que aprendió a perdonar, se liberó una gran parte de la negatividad de sus pensamientos y comportamientos.

Fue difícil volver a subir, pero ella estaba dispuesta a llegar a la cima. Decidió que ya no quería ser un tapete para que otras personas pisen y menosprecien. Ella encontró su fuerza y su autoestima. Ella aún puede fallar, pero esta vez, cuando llega el fracaso, estará mejor equipada con mucho positivismo. Para ella, incluso los fracasos pueden convertirse en oportunidades de aprendizaje.

El mundo puede parecer un lugar hostil y algunas personas pueden aprovecharse de ti y decepcionarte. Recuerda la historia de Jenny. A lo largo de todo el tiempo, se sentía agobiada por creer que otras personas la habían decepcionado una y otra vez. Cuando no sabía cómo volver a ponerse de pie, el pensamiento positivo la levantó y la llevó a un lugar donde puede hacer las cosas correctamente.

Capítulo 2

Beneficios de Pensar de Forma Positiva

Cuando surgen desafíos y tragedias, es difícil *mirar el lado positivo de las cosas*. Pero, es cierto que cuando todo lo demás falla, todo lo que tienes que hacer es buscar, levantarte y comenzar de nuevo.

¿Cuáles son los beneficios de pensar positivamente?

Puede que no te llegue de forma natural, pero estas son las razones por las que debes comenzar a cultivar pensamientos positivos:

Te ayuda a lidiar con el estrés

Los pensadores positivos son optimistas, incluso ante la decepción. Una actitud positiva te ayuda a lidiar con el estrés de manera efectiva. El estrés es inevitable, pero la puedes superar siendo optimista, en lugar de ser pesimista. Cuando los optimistas enfrentan desafíos en la vida, es más probable que se enfoquen en las cosas que sobre las cuales tienen el control.

En lugar de insistir en tus frustraciones y en todas las demás cosas que no puedes controlar, diseña un plan de acción que pueda crear cambios positivos. Además, no tienes que enfrentar las cosas solo, siempre puede pedir ayuda y consejo a las personas más allegadas.

Los pesimistas se quedan estancados en cualquier situación porque creen que han perdido todo el control y que no hay nada que puedan hacer para cambiarlo.

Cambia tu forma de pensar: ¡siempre hay una solución!

El pensamiento positivo es bueno para la salud

Dado que pensar positivamente te ayuda a superar el estrés y la ansiedad, tu salud en general también mejora. Las personas que siempre demuestran una vibra positiva no son propensas a la depresión. La mayoría del tiempo, los dolores y las molestias son crónicos por naturaleza. Cambia tus pensamientos y cambiarás tu vida.

Atrae eventos y situaciones positivas

En el momento en que decides cambiar los pensamientos negativos por positivos, comienzas a atraer solo cosas positivas. Esta es la Ley de Atracción en funcionamiento (más sobre esto en los siguientes capítulos).

Los semejantes se atraen, entonces, si tienes una inclinación por los pensamientos negativos, no tienes por qué preguntarte por qué no has estado obteniendo lo que quieres en la vida.

Piensa positivo y atraerás situaciones y circunstancias más positivas. ¿Te imaginas cuántas cosas maravillosas puedes atraer simplemente cambiando tus pensamientos?

Te permite alimentar relaciones armoniosas

Cuando cambies a pensamientos positivos, comenzarás a ver todas las cualidades y atributos positivos de otras personas. Tenderas a mirar más allá de sus defectos y debilidades. A medida que tus pensamientos se vuelvan positivos, comenzarás a crear relaciones más significativas.

Recuerda, lo positivo tiene un efecto positivo. Desarrolla una actitud positiva y comenzarás a crear un ambiente más positivo a tu alrededor.

Ser positivo te permite crear una mejor primera impresión

La mayoría de las personas se sienten atraídas por individuos con personalidades amables y amigables. Las personas positivas siempre causan una buena impresión. Sus pensamientos tienen un gran impacto en cómo serán sus futuras relaciones.

Ser positivo es el tiquete al éxito

Pregúntale a muchas personas exitosas y te dirán que todo comenzó en sus mentes. Las personas positivas tienen más posibilidades de éxito en comparación con los pensadores negativos. Las personas que siempre están pensando negativamente tienen más probabilidades de fracasar ya que sus pensamientos están centrados en que van a echar las cosas a perder, en fallas, errores y decepciones. Cuando siguen aferrados a estos pensamientos, su subconsciente los interpreta como sus deseos.

El pensamiento positivo le permite ver siempre las cosas desde diferentes perspectivas, lo que le brinda la oportunidad de lograr un buen resultado en una situación terrible.

Convierte tus problemas en grandes oportunidades

Una mente negativa nubla todo en tu vida. La negatividad ciega tu mente. Si aprendes a convertir estos pensamientos negativos en unos más positivos, verás las cosas desde diferentes perspectivas.

Una vez que te liberas de pensamientos negativos, las soluciones surgen naturalmente y los obstáculos se convierten en oportunidades. Los problemas y las situaciones difíciles son más fáciles de enfrentar cuando tienes una mentalidad nueva y más positiva.

La abundancia te llega fácilmente

La mayoría de las veces, las personas continúan viviendo sus vidas quejándose de no tener suficiente, a pesar de que están más bendecidas que otras. Cuando los pensamientos negativos gobiernan tu subconsciente, dejas de ser agradecido y tiendes a dar las cosas por sentado. Volviendo al principio de la Ley de Atracción, los semejantes se atraen. Una variación es que cosechas lo que siembras: dispersas las semillas de la felicidad y la felicidad vuelve a ti.

Cuando continúas viviendo quejándote y pensando que podrías haberlo hecho mejor, no estás apreciando lo que se te ha dado. A veces, cuando hay algo que deseas con todas tus fuerzas y no lo consigues, te quejas y te sientes decepcionado.

La gratitud va un largo camino. Cuando estés agradecido por lo que tienes, el Universo continuará dándote lo que quieres.

Cuando piensas positivamente sobre ti mismo, cuando confías en lo que puedes hacer, te estás dando el impulso que necesitas para dar un excelente rendimiento todo el tiempo

El pensamiento positivo es un buen motivador

¿Estás de acuerdo en que el pensamiento positivo puede hacerte lucir más bella? Cuando estás lleno de positividad, tiendes a sonreír más, te vuelves más amigable y transpiras una felicidad palpable. Estas cualidades positivas te hacen más atractivo; más que hacerte bello por fuera, te hace bello por dentro. Tu belleza natural brillará cuando las situaciones difíciles no te estén abrumando, porque estarás confiado en que siempre encontrarás las respuestas y la información que necesitas.

¿Cómo puede el pensamiento positivo mejorar tu vida?

El pensamiento positivo es más que mostrar una actitud alegre. Más que darte una disposición feliz, los pensamientos positivos pueden crear un gran valor en tu vida y te ayudan a desarrollar habilidades que son más beneficiosas que simplemente tener una sonrisa cálida.

Te puede interesar también el impacto que tiene pensar de forma positiva en tu salud, tu trabajo y tu vida en general.

Aquí hay algunos beneficios comprobados del pensamiento positivo para el bienestar en general:

Tu sistema inmunológico mejora.

Con tantas enfermedades que se manifiestan en todo el mundo, los investigadores médicos se han centrado en encontrar respuestas para comprender el sistema inmunológico y mejorar aún más su función.

También se han realizado estudios psicológicos. Estos revelaron que los pacientes con gripe, que mostraban una actitud positiva, se recuperaron más rápido que aquellos a los que se les pidió que alimentaran pensamientos negativos.

Controla tu presión arterial alta

Cuando te vuelves más positivo en tus pensamientos, disposición y comportamiento, minimiza el estrés, y por ende, no sufres de sus efectos negativos. La presión arterial alta, la enfermedad cardíaca y otras enfermedades cardiovasculares son solo algunas de las condiciones que no te tendrás que preocupar si practicas el pensamiento positivo.

Incrementa el poder de recuperación

Al pensar de forma positiva te permite desarrollar habilidades para afrontar las diferentes situaciones. Lo que quiere decir que te curas más rápido después de cualquier contratiempo médico. Además mejora tu sistema inmunológico, y el proceso de curación después de las fracturas y los procedimientos quirúrgicos tiende a ser más rápido para los pensadores positivos.

El pensamiento positivo agrega años a tu vida

En promedio, las personas que son positivas agregan aproximadamente 10 años a su vida útil. Esto se debe principalmente a los muchos beneficios físicos y de salud que esta actitud positiva proporciona.

Capítulo 3

Hábitos de los Pensadores Positivos

El pensamiento positivo es un estilo de vida. No es una cosa algo de un día o una semana. Después de todo, es un reflejo de tu propia actitud. Sin que te des cuenta, puedes convertirte fácilmente en un cínico hacia el mundo, ya que estás continuamente expuesto a lo que parecen ser tragedias sin fin, injusticia, frustración personal y angustias.

Si alimentas pensamientos, actitudes y comportamientos negativos, te privarás de disfrutar la vida al máximo.

Quizás puedas aprender una o dos cosas de los pensadores positivos. Éstos son algunos de los hábitos comunes de las personas que practican el pensamiento positivo:

Mantener un diario de gratitud

Un solo pensamiento negativo puede arruinar todo el día y la naturaleza humana es aferrarse a ello, haciéndote perder el enfoque. Escribe al menos 5 cosas por las que estás agradecido cada día. Cuando te levantes por la mañana, lee tu lista del día anterior. Revisa el diario cada vez que empiecen a aparecer pensamientos negativos. Te sorprenderá al descubrir que has sido bendecido mucho más de lo que podría imaginar. La gratitud aumenta significativamente la alegría y la felicidad. De este modo, minimiza el estrés, la ansiedad, la depresión y la negatividad.

Ver los retos en una perspectiva diferente.

Los pensadores positivos no ven callejones

sin salida, solo ven otra forma de hacerlo. Consideran los desafíos como simples obstáculos y encuentran maneras de vencerlos. Aceptan los desafíos y tratan los fracasos como lecciones. Como diría Robert Kiyosaki, "A veces ganas y otras aprendes".

No tomes los rechazos como algo personal.

El rechazo te ayuda a crecer. Si no has sido rechazado al menos una vez en su vida, nunca aprenderás. Recuerda, los expertos una vez fueron principiantes. No te aferres a los *noes* que has recibido, más bien, utilizarlos como escalones para obtener más *síes*.

Los corazones de la gente se rompen para permitir que la luz entre.

Piensa positivamente, todo el tiempo.

Las afirmaciones positivas te ayudarán a manifestar tus pensamientos positivos. Cuando hablas de tu vida de manera negativa, así es como será la misma. La mente subconsciente escucha lo que dices. Así que, en lugar de decir lo ocupada y estresante que es tu vida, elige variaciones más positivas. No digas que estás ocupado, sino que has sido productivo. Siempre encuentra cosas más positivas que decir sobre tu vida. Te sorprenderías de lo rápido que esto hacer un cambio en tu vida.

En lugar de decir tener, di puedo.

El uso de "poder" cambia bastante las cosas; "tener" implica una necesidad de cumplir con ciertas obligaciones, mientras que "poder" implica estar agradecido por todas las cosas que tiene (incluyendo lo bueno y lo malo). Por ejemplo, no digas "Tengo que ir a trabajar", sino "Puedo ir a trabajar". O en lugar de "Tengo que pagar el alquiler", diga: "Puedo pagar el alquiler".

Rodéate de personas positivas.

Estés con pensadores positivos. Sin embargo, en cualquier lugar de trabajo, siempre habrá quejumbrosos. Cuando te enfrentes con algún compañero de trabajo que siempre se queja, incluso sobre el clima frío, no caigas en la trampa de aceptar o concordar con sus quejas. Si puedes encontrar personas que sean más positivas para pasar el rato, entonces hazlo.

Sólo respira.

Tu respiración está conectada a tus emociones. Los patrones de respiración cambian dependiendo de cómo te sientas. Si puedes respirar tan calmadamente como puedas todos los días, eso puede lograr una gran diferencia.

En tiempos de tragedia, inspírate en los héroes modernos.

Durante las tragedias, es difícil mantener una actitud positiva, especialmente cuando se ve la destrucción y la violencia en la televisión. Busque la positividad de los voluntarios que muestran bondad y heroísmo a su propia manera.

No solo pienses en los problemas, siempre trae soluciones también.

Cuando hablas de problemas, no solo te quejes de ellos. Asegúrate de estar preparado con diferentes propuestas para resolverlos. No te centres solo en lo malo, más bien, ofrece ideas sobre cómo corregir lo que está mal.

Haz sonreír a otra persona.

No necesitas dinero para hacer sonreír a alguien. A veces un simple "¡Hola! ¿Cómo estás? "Puede cambiar el estado de ánimo de alguien.

Capítulo 4

La Ley de la Atracción

¿Qué es la ley de la atracción? Es la capacidad de atraer a tu vida en lo te has concentrado. Sin importar la edad, la creencia religiosa o la nacionalidad, cada individuo en este planeta está afectado por la ley que rige el Universo.

La Ley de Atracción usa el poder de tu mente para traducir tus pensamientos y convertirlos en realidad. Esto significa que eres responsable de cómo se verá su futuro, como se dicen, todo está en tu mente.

Si tus pensamientos están llenos de negatividad y fatalidad, puedes esperar atraer lo mismo. Por otro lado, si estás lleno de pensamientos positivos, es probable que atraigas energía positiva, ayudándote a crear la realidad que deseas.

Aprende a usar la Ley de la Atracción

La Ley de Atracción es uno de los mayores misterios de la vida, y solo unas pocas personas son conscientes de su poder. La Ley de Atracción está en funcionamiento, ya sea que estés consciente de ello o no. Eres un imán humano que envías tus pensamientos y emociones al Universo. El cual los recibirá y se verá e resultado reflejado en ti.

Entonces, cuando estés lleno de pensamientos negativos, las cosas negativas se manifestarán en tu vida; y cuando estás lleno de pensamientos positivos, atraes cosas positivas.

¿La Ley de Atracción es real?

La Ley de Atracción es real y puedes usarla a tu favor. Puedes aplicar sus principios en tu vida diaria.

El principio principal de la Ley de Atracción

es que puedes crear tu propia realidad, solo con el uso de tus propios pensamientos.

Cuando llegues a comprender las infinitas posibilidades que la vida tiene para ofrecer, también te darás cuenta de que eres el autor de tu propio destino. Tú creas tu propia vida.

¿Estás viendo solo negatividad en tu vida? ¿No te gusta el escenario que creaste?

Es simple, puedes cambiarlo!

Considera tu vida como un lienzo en blanco de posibilidades infinitas, y estás en el asiento del conductor para dirigir como quieres que se vea tu pintura al final.

Pensamiento positivo y la ley de atracción

El pensamiento positivo mejora sus vibraciones, permitiéndole sincronizarse con sus deseos. Las herramientas más poderosas para desbloquear la Ley de Atracción son los pensamientos y creencias positivas.

Libérese de pensamientos negativos y simplemente concéntrese en el pensamiento positivo y la Ley Universal de Atracción. Para deshacerse de la negatividad, tiene que aceptar y reconocer que todo lo que ha sucedido en su vida (y todo seguirá ocurriendo) es por lo que has hecho.Todo, sea bueno o malo, fue el resultado de tus pensamientos y creencias.

Pero cuando comienzas a entender realmente que todavía tienes el poder de cambiar tu vida usando la Ley de Atracción y el pensamiento positivo, también te darás cuenta de que todo es posible.

La Ley de Atracción te enseña que no eres lo que quieres, sino que eres quien eres. Aproveche el poder de la Ley de Atracción haciendo lo siguiente, e incorpore pensamientos positivos para manifestar tus esperanzas y sueños:

Mantente enfocado en tus deseos.

No te centres en lo que quieres, sino en tus deseos y conviértelos en intenciones positivas. Comienza un "diario de deseos" donde anotarás tusmás profundos y fuertesdeseos. Léelo todos los días y tacha el elemento que se ha alcanzado.

Mira tus problemas con nueva perspectiva.

Ve los problemas como desafíos que puedes superar. Piénsalo como regalos que no son fáciles de obtener y no como problemas. Observe cada instancia sobre cómo puede convertir cualquier desafío que encuentre en una oportunidad.

Desafía la forma en que piensas.

La mente es poderosa, puede crear cualquier cosa, verdadera o no. Con el uso de la visualización, puede aprovechar el poder de su mente y convertirlo en una herramienta de pensamiento positivo. Si dejas que tu mente controle todo, también puedes crear temores, dudas y cosas que en realidad no existen. No dejes que estos pensamientos negativos te consuman. Desafía tus pensamientos.

Centrarse en un plan de acción.

No puedes alcanzar tus metas sin crear planes de acción. El pensamiento positivo es una cosa, y la planificación de tus acciones es otra. No te preocupes si tus planes de acción propuestos no son perfectos. Fallar es parte de la vida. Tome medidas más importantes para garantizar que obtenga resultados más significativos y favorables. Una vez que actúas, la mente cambia automáticamente a un estado positivo. Sus vibraciones comenzarán a aumentar, así que ansíe visualizar tus deseos.

Sé agradecido, todo el tiempo.

Aprecie y sea agradecido por todo, incluso las cosas más pequeñas, como por lo bueno que estuvo el café en la mañana o cómo el portero lo recibió de forma agradable en cuando entró a la oficina. Cada vez que comienza a tener pensamientos negativos, recuerde las cosas por las que está más agradecido.

Deja de resistir.

A veces, tiendes a complicar las cosas. Te preocupas mucho. Esto da como resultado que siempre tenga pensamientos negativos sobre nuevas ideas, especialmente cuando no estás seguro de cuáles serán los resultados finales. No dejes que este tipo de pensamiento hunda tu vibra. El Universo está lleno de oportunidades, ideas y personas que tienen el poder de cambiar completamente la dirección que tomará en la vida. No tengas miedo de lo desconocido, abrázalo como un amigo perdido de hace mucho tiempo.

Vivir en el momento presente.

Vivir el presente. No te preocupes por el futuro porque no ha llegado, y no mires al pasado porque ya se ha hecho. Enfócate en vivir en el presente.

Capítulo 5

Practique la Ley de la Atracción y el Pensamiento Positivo

Cada experiencia positiva o negativa que te ha sucedido en la vida, la atrajiste, consiente o inconscientemente.

¿Recuerda el momento en que no tenías dinero y pensaste seriamente en cómo hacer para pagar tus facturas al día siguiente y llegó una transferencia de dinero? ¿O el momento en que no tuviste dinero para almorzar y tu mejor amigo de repente pagó el dinero que te debía? ¿O recuerdas el momento en que tuviste un gran día, pero conversaste con tu compañero de trabajo que se quejó mucho, y terminaste de mal humor también?

Estás practicando los principios de la Ley de Atracción en tu vida diaria y ni siquiera estás consciente. Cuando lo complementas con pensamiento positivo, tienes una herramienta poderosa.

Puedes hacer lo siguiente todos los días (además de los conceptos básicos enumerados en el capítulo anterior) para practicar la Ley de Atracción con pensamiento positivo:

1. Meditar

Relaja tu mente y tu cuerpo meditando durante unos 5 a 10 minutos. Este ejercicio ayuda a aumentar tu capacidad cerebral y mantiene tu mente en un estado de relajación.

2. Saber lo que quieres.

Debes tener claro con lo que quieres. Una vez que haya decidido que deseas algo, no dudes de tí mismo de que no lo vas a obtener. Tu "solicitud" debe ser clara para que el Universo no malinterprete tus pensamientos y comportamientos. Es imperativo que sepas exactamente lo que quieres. Si envías señales poco claras o contradictorias al Universo, es probable que recibas resultados no deseados. Asegúrate con tus deseos y siéntete fuerte acerca de ellos.

3. ¡Debes pedirlo - con convicción!

Si quieres algo, asegúrate de que el Universo conoce y comprende tu solicitud.

Crea una imagen mental de lo que estás pidiendo y envíalo al Universo. Mírate a ti mismo disfrutando de lo que pediste. Visualizate en imágenes vívidas. Si quieres un nuevo teléfono móvil, crea una imagen clara de ti mismo ya usándolo. Ten en cuenta cómo te sientes cuando sostienes tu nuevo teléfono en tus manos. Siente el frío del metal tocando tus manos. Ve la marca vívidamente. La visualización consiste en crear imágenes mentales de lo que quieres lograr. Estas imágenes se enviarán al Universo y pronto, su solicitud será enviada a usted.

4. Crear una "lista de deseos".

Escribe lo que quieras. Puedes comenzar con esta frase: "Estoy muy contento y agradecido ahora que ...", continúa con lo que desees. Escríbelo como si estuviera sucediendo justo en este momento. No utilices términos con connotaciones negativas. Incluso si usa palabras de negación como "no" o "no", el Universo no las reconocerá. Por ejemplo, si desea estar libre de problemas financieros, escriba una solicitud de esta manera: "Estoy feliz ahora que soy rico" o "Estoy agradecido de tener todo lo que necesito". Evita escribir: "Quiero salir de la deuda", el Universo reconocerá la palabra deuda y no tendrá en cuenta la frase salir. Para estar seguro de lo que quieres, utiliza términos positivos.

Cree que los deseos se hacen realidad y

que los estás "manteniendo" en este momento. Visualizalos claramente. Nunca dudes que tus deseos se harán realidad.

Sin embargo, ten en cuenta que es mejor centrarse en un deseo a la vez.

5. Sea consciente de lo que siente mientras se visualiza con el deseo hecho realidad

No solo lo desees y lo veas claramente, también tienes que sentir que ya recibiste el deseo. Por ejemplo, siente cuán feliz estás ahora que estás libre de deudas. Siente tu extrema felicidad por disfrutar de las abundantes bendiciones.

Este es un paso importante porque aquí es donde trabajará el Universo para darte lo que deseas. En este punto, el Universo manifestará este pensamiento y sentimiento. No deberías tener dudas. Permanezca seguro de que lo recibirá pronto.

Capítulo 6

Afirmaciones Positivas

Para aprovechar el poder de la Ley de Atracción y el pensamiento positivo, en este capítulo te proporcionamos algunos ejemplos de afirmaciones positivas que puedes recitar todos los días para manifestar tus deseos. También puede escribir tus propias declaraciones de afirmación, solo asegúrate de no usar términos con connotaciones negativas.

Para la abundancia y Prosperidad

Estoy agradecido de que la abundancia fluya libremente hacia mí.

Soy un imán de dinero.

Mi corazón agradecido continúa atrayendo abundancia y riqueza.

Mi día está lleno de infinita alegría, amor y abundancia.

Estoy agradecido por tener todo lo que necesito

Para el éxito

Estoy viviendo el sueño.

Estoy agradecido de que estoy disfrutando del éxito ahora.

Soy feliz, fácilmente logro lo que me propuse.

Hoy, doy la bienvenida a las infinitas oportunidades que el Universo está lanzando en mi camino.

Cada decisión que tomo, me llevan a nuevas oportunidades.

Para la confianza en sí mismo

Soy lo que soy, y me amo por eso.

Estoy agradecido de que soy fuerte y capaz de hacer las cosas que amo.
Cada día, adquiero fuerza con cada paso que doy al cumplir mi destino.

Me merezco todo lo que tengo ahora.

Dejo de lado toda vacilación y dejo espacio para mi victoria y éxito.

Conclusión

Muchas gracias por leer este libro.

Espero que ahora tenga una mejor comprensión de cómo el pensamiento positivo y la Ley de Atracción pueden ayudarlo a hacer mejores cambios en su vida. Tu próximo paso es comenzar a practicar para que el cambio pueda comenzar pronto.

Sin embargo, siempre recuerde que la positividad es una búsqueda de por vida, no ayudará si elige ser positivo solo en ciertos días. Necesita hacer los cambios necesarios en sus hábitos y mentalidad para poder ver constantemente las cosas de la mejor manera posible. El viaje hacia la positividad puede no ser lo más fácil, pero definitivamente valdrá la pena. Pronto, disfrutarás de los regalos y la buena fortuna que viene solo con una actitud positiva que está afinada para aprovechar la Ley de Atracción.

¡Gracias y buena suerte!

Parte 2

Introducción

Quiero agradecerte y felicitarte por descargar el libro.

Este libro contiene pasos y estrategias comprobadas para mejorar tu vida mediante el uso del pensamiento positivo y la actitud positiva. La mente es la clave para el resto de su cuerpo, y al leer y seguir los pasos de este libro, puede desbloquear el potencial oculto que solo puede provenir de una mente positiva. Puede parecer un estiramiento al principio, pero la actitud mental tiene un efecto enorme en el cuerpo físico.Por ejemplo, cualquier médico te dirá que el estrés es un factor enorme en muchas enfermedades comunes. Aunque el mundo exterior puede aumentar o disminuir el estrés de alguien, su actitud mental también es un factor enorme. Viviendo en el mundo moderno, es básicamente imposible evitar el estrés. Dicho esto, tener una mente positiva te ayudará a lidiar con el estrés de una manera saludable, para que puedas vivir una vida larga, feliz y saludable.

Los pasos descritos en este libro proporcionan un camino fácil de seguir hacia una actitud mental positiva y todos los beneficios que esto puede traer. La mente es el cuerpo, por lo que tener una mente positiva ayudará a crear un cuerpo positivo y una vida positiva.¡Toma el control de tu vida creando una mente positiva y conviértete en lo que siempre has querido ser! ¡Algunos dicen que la felicidad es el objetivo final de la vida, así que déjate llevar por este simple libro y encuentra tu felicidad!

Sigue leyendo para dar los primeros pasos hacia una vida renovada, relajada, más saludable y más feliz. Gracias de nuevo por descargar este libro. Espero que lo disfrutes y lo apliques en tu propia vida!

Capítulo 1: ¿Qué es una mente positiva?

Si quieres tener una mente positiva, es importante saber cómo se ve primero una mente positiva. ¿Cómo puedes alcanzar tu meta si no sabes cuál es la meta en primer lugar? Obviamente, una mente positiva es aquella que mira el lado positivo, trata de encontrar los diamantes en el carbón, y no está del lado de los obstáculos ni de las opiniones negativas de los demás. Dicho esto, una mente positiva no puede rechazar los aspectos negativos de la vida porque los aspectos positivos y negativos deben estar en equilibrio. El equilibrio es una de las partes más importantes de la vida. Una mente positiva tampoco es una mente que nos lleve a un estado de "pensamiento mágico". Sí, debe tener una perspectiva positiva y mantenerse alejado de las cosas que lo retrasan, pero no, no puede simplemente rechazar algo porque no le gusta o porque no se ajusta a su molde.

Esto suena un poco intuitivo, pero piensa

en esto: el rechazo es la negatividad. ¡Agregar negatividad a negatividad hace más negatividad! Dos errores no hacen un derecho como dicen. Por ejemplo, si usted es un atleta que acaba de correr una milla y su entrenador le dijo que era lento, podría hacer tres cosas. Primero, podrías pensar: "Ese entrenador es tan negativo; él debe estar equivocado porque ya soy genial". En segundo lugar, podrías pensar: "Bueno, supongo que eso significa que necesito mejorar". Tercero, podrías pensar, "El entrenador tiene razón; Nunca correré más rápido". La primera opción rechazó las críticas negativas, pero creó una situación en la que no había espacio para practicar más, y por lo tanto, no había manera de mejorar.La segunda opción aceptó las críticas negativas, pero creó una actitud positiva, es decir, seguir avanzando. La tercera opción aceptó la crítica negativa, pero la llevó demasiado lejos, haciéndola más negativa de lo que realmente era en primer lugar. El atleta que eligió la primera opción no ganará ninguna medalla, ya que ya piensan que son geniales. Esto no es realista, y como resultado, no tendrá espacio para crecer y mantenerse en el mismo nivel. La tercera opción es igual de mala porque el atleta aceptó rápidamente y se dio por vencido; Por lo tanto, ¡él tampoco estará mejorando! Dicho esto, el atleta que sabe que puede mejorar tiene la actitud más positiva, y eso lo llevará a mejorar y mejorar con el tiempo.

Esta actitud es tan importante, no solo para el deporte sino también para todo. La actitud de saber que hay espacio para mejorar es probablemente la actitud más importante que una persona puede tener. Esta es la forma en que todas las grandes personas se convierten en grandes en lo que sea que hacen, y se llama "la mente de un principiante". Alguien con una mente de principiante podría tener 50 años de experiencia, pero siempre está pensando "¿Qué puedo aprender hoy?" O "¿Qué debo practicar?" O "¿Qué sabe esta persona al azar que yo no?" Haz siempre lo mejor para mantenerte humilde, y trata de aprender y crecer en cada situación en la que te encuentres en la vida. La mejor manera de mantener una mente positiva es mantener tu mente abierta.permite que entren nuevas ideas y piense en ellas por un tiempo antes de decidir cómo te sientes con ellas. Además, escucha cómo se sienten las cosas: si se sienten bien, explóralas y, de no ser así, evítalas.

¡Esencialmente, te estoy pidiendo que actúes como un bebé por el resto de tu vida! Un bebé siempre está aprendiendo cosas, y sí, los bebés lloran y se molestan, pero todos saben que un bebé es feliz siempre que se satisfagan sus necesidades básicas. Nadie ve a un bebé y piensa: "¡Vaya, qué bebé arrogante, ese bebé cree que lo sabe todo!" La mente de un principiante es una actitud que nunca se volverá obsoleta mientras esté vivo. Hay una razón por la que los bebés nacen de esta manera; es decir, la mente de un principiante es la mejor manera de aprender, crecer y mejorar en todos los aspectos de la vida. Tener esta actitud mental también automáticamente hará que tu mente sea más positiva porque no juzgarás las cosas ni buscarás lo que las hace inferiores. En cambio, mirará el mundo y encontrará las cosas que lo ayudarán a mejorar, y nada se siente mejor que mejorar constantemente.

La mente del principiante es un ejemplo de equilibrio. El equilibrio puede ser el aspecto más importante de un estado mental positivo. La psicología y la medicina moderna siempre están tratando de ayudar a las personas a ser más equilibradas en cuerpo y mente.Muchas cosas afectan el equilibrio, pero tu equilibrio interior es, en última instancia, algo que solo tú controlas. Otras cosas lo afectan, pero solo tú puedes controlarlo! Esto no siempre es fácil porque el equilibrio no es un lugar, sino que es un proceso. Por ejemplo, el péndulo oscilante de un reloj de la vieja escuela está perfectamente equilibrado: gira hacia un lado y luego hacia el otro. Se atasca en un lado y no deja de moverse mientras el reloj funciona. Por supuesto, no somos perfectos como un reloj. A veces, nos quedamos atascados en un lado o en el otro y, a veces, simplemente dejamos de movernos por un tiempo. Pero como quieres tener una mente más positiva, ¡es hora de aprender algunas herramientas para ayudarte a avanzar en esa dirección!

Pensemos en la historia de Ricitos de Oro. Ella se adentra en la casa de una familia de osos y encuentra tres tazones de avena. Un tazón está demasiado caliente, uno está demasiado frío y el otro está bien. Cuando encuentras cosas en la vida, puedes reaccionar de estas tres maneras. "Demasiado caliente" es ira, rechazo, violencia, agresión o celos. "Demasiado frío" es tristeza, rendirse, depresión, agacharse o pensar que nunca podrías ser tu de todos modos.Estos dos extremos son realmente lo mismo en cierto modo. "Demasiado calor" es empujar los sentimientos hacia afuera hacia otras personas, mientras que "demasiado frío" es empujar esos sentimientos hacia adentro y pensar que el problema siempre eres tu."Justo lo correcto" es el equilibrio de los dos: es aceptación, mejora, emulación, práctica y aprendizaje.

¿Por qué no actúan más personas de esta

manera? Por un lado, es mucho más fácil encontrar los lados extremos de "demasiado frío" y "demasiado caliente" porque todos pueden sentir dónde están los extremos ya que están tan lejos como pueden llegar."Lo correcto" es más difícil de mantener porque encontrar el medio es un proceso constante. Es un proceso en el que siempre estás nadando, mirando, aprendiendo y creciendo. No puedes esperar ser perfecto porque siempre estarás decepcionado.¿Por qué? ... porque lo perfecto no es realmente posible. Sin embargo, si esperas aprender y cambiar, entonces puedes ser feliz todos los días porque esto es algo que puedes hacer por el resto de tu vida. ¡Incluso si vivieras hasta los 1000 años!

La mente del principiante y las herramientas presentadas en el libro son verdaderamente universales. Te sugiero que sigas este libro hasta el final y apliques las herramientas tal como se presentan aquí. Sin embargo, a medida que pasa el tiempo, siempre puedes adaptar estas herramientas a otros aspectos de la vida.

Cualquier nueva empresa o proyecto se beneficiará del equilibrio y de la mente de un principiante. Dicho esto, la felicidad y el éxito comienzan en tu interior, así que sigue esto y aplícalo en tu mente primero, porque una vez que la mente esté en perfecto equilibrio, ¡todo lo demás seguirá de forma natural!

Capítulo 2: Comenzando un ciclo positivo

Las leyes de la física dicen que un objeto en reposo tiende a permanecer en reposo, pero un objeto en movimiento tiende a permanecer en movimiento. En otras palabras, si empiezas a moverte, seguirás moviéndote, pero si te quedas quieto, entonces no te moverás. A veces, las personas no se mueven porque tienen miedo de cometer un error o de moverse en la dirección equivocada. Este es un pensamiento común, pero no es realmente cierto. Piensa en esto: si se está moviendo, puedes cambiar de dirección cuando lo necesites. Esta es la razón por la que ya no dudarás más en comenzar; los errores no son fracasos, sino formas de aprender a medida que comienzas a aplicar la mente del principiante. Este capítulo te enseñará cómo iniciar un ciclo positivo, lo que literalmente hace que tu cerebro se vuelva a cablear a un estado más positivo. El proceso a veces puede ser un poco difícil, pero este capítulo te enseña cómo ponerse en marcha y cómo divertirse en el camino.

Con demasiada frecuencia, escuchamos a las personas hablar de ciclos negativos, como la adicción. Todos hemos escuchado acerca de cómo estos comienzan como pequeños problemas pero rápidamente se acumulan en situaciones muy malas.¡Pero esto es solo la mitad de la historia! ¿Por qué es que no escuchamos acerca de los ciclos positivos? Las personas exitosas de todo tipo tienen ciclos positivos, pero tal vez, ¡están tan ocupadas teniendo éxito que no se detienen a hablar de ello! Hoy, hablaremos de ello y te mostraremos cómo empezar. Todo el mundo necesita ayuda y orientación en este proceso, ya que pasar de estar quieto a estar en movimiento puede ser discordante y difícil a veces.Esto es normal, y si sientes estos sentimientos, recuérdese que esto es parte del proceso. Debido a este hecho, es útil hacer que este proceso sea divertido para ti mismo mientras lo estás haciendo, para ayudar a motivarte y ayudarte a continuar.

En los últimos 10 años más o menos, una

nueva palabra surgió en el idioma inglés: "gamificación" (pronunciado "game-a-fication"). Esta palabra se refiere a la aplicación del diseño de juegos a aspectos de la vida real.¡Y hoy, comienzas a aplicar esta ciencia a tu propia mente! Esto no es nada nuevo: cuando un niño recibe un dulce por completar sus tareas, este es un tipo de gamificación. La gamificación enmarca una cosa existente como un juego, de modo que te motiva a trabajar y hace que el trabajo sea más divertido. ¡Aplicarás esto a tu actitud mental para hacer que comenzar un ciclo positivo sea divertido!

Comienza a jugar este juego tan a menudo como puedas. Justo después de salir de una situación, cualquier situación mundana, piense en todo lo que se dijo. Piensa en todo lo que te dijeron y todo lo que dijiste a cambio. Está bien si no puedes recordar las palabras exactas, pero sé honesto acerca de cómo te sentiste. Ahora piensa en tus reacciones: ¿fue "demasiado caliente", "demasiado frío" o "simplemente correcto"? Estos pueden ser sentimientos sutiles, por lo que está bien si no conoceslas respuestas. Simplemente pasa a la siguiente cosa y vuelve a hacerte la pregunta: ¿fue "demasiado caliente", "demasiado frío" o "simplemente correcto"?

Este juego es uno en el que solo hay una forma de ganar: seguir jugando. Esto se debe a que cuanto más te hagas esta simple pregunta, más fácilmente podrás responderla. Solo sé honesto acerca de cómo se sienten las cosas y mejorarás constantemente las horas extra. No te preocupes por mantener el puntaje, solo pregunta si fue "demasiado caliente", "demasiado frío" o "simplemente correcto". Este sencillo juego te ayuda a verte a ti mismo, ver cómo actúas y mejorar tus acciones con el tiempo. Incluso si te sientes tonto o fuera de lugar haciendo esto, ¡sigue adelante! Los científicos ahora dicen que su propio cuerpo no sabe la diferencia entre cuándo fuerza una sonrisa y cuándo sucede de manera espontánea. Eso significa que si solo empiezas a ser lo que quieres llegar a ser, te convertirás en lo que quieres ser con el tiempo. ¡Solo continúa! Si te comprometes con este proceso, cambiarás para mejor, así que comienza a aplicar este juego a tus interacciones diarias hoy.

Se dice que muchas personas que viven más de 100 años tienen una dieta y un estilo de vida muy consistentes. No estoy diciendo que necesites comer lo mismo todos los días, pero sí necesitas tener una práctica constante si quieres mejorar. En este caso, solo enfócate en jugar este pequeño juego unas cuantas veces al día y asegúrate de hacerlo todos los días. Volver a conectar el cerebro a un estado más positivo lleva tiempo, así que sigue adelante incluso si no sientes un cambio de inmediato. ¡Comprométete a una semana entera de jugar este juego todos los días! ¡Lo más importante es que sigas adelante!

Capítulo 3: Mantener la bola rodando

Lo más difícil es empezar. Eso es genial porque ya lo estás haciendo, y ahora, pasamos a la siguiente parte, manteniendo ese ciclo positivo en marcha. Recuerda que esto es un proceso, y aunque se vuelve más fácil con el tiempo, también dura mucho tiempo. Tu subirás y bajarás, tendrás días mejores que otros y, a veces, también dejarás de estar en un estado positivo. Todas estas cosas no solo son normales sino también totalmente necesarias. Así es como aprendes, y ahora estás entrenando para ser más positivo. Las mejores personas del mundo, ya sea en los deportes, los negocios o cualquier aspecto de la vida, no comienzan en lo más alto de su campo. Todos tienen que practicar. Incluso tenías que practicar cómo hablar y leer. De hecho, si estás leyendo esto, ¡entonces debes haber practicado bastante! Es solo que probablemente eras demasiado joven para recordar haberlo hecho. Esta es la prueba de que ya tienes todo lo que necesitas tener todos los días, una mente cada vez más positiva.

Recuerda: "El trabajo duro supera al talento cuando el talento se niega a trabajar". En otras palabras, no importa lo bueno que seas en este pequeño juego mientras sigas jugando. Entonces, ¿por qué la gente comienza tantas cosas pero termina no terminándolas? Es por la forma en que reaccionan a las cosas que les suceden. ¿Cuántas veces alguien te ha dicho "Iba a _____ hasta que _____ me pasara"? ¡Cuando la vida lanza un obstáculo, podemos dejar que nos detenga o cuando podamos encontrar un nuevo rumbo! Este capítulo se trata de mantener la bola en movimiento, por lo que cuando algo grande y aterrador se te presente, ¡simplemente gíralo y muévete alrededor de él! Está bien cambiar de rumbo, está bien fallar, y está bien equivocarse a veces. ¡Pero necesitas seguir moviéndote si quieres ir a cualquier lugar!

También es muy importante saber cuál es tu objetivo, dejarlo claro y recordarle ese objetivo todo el tiempo. Ayuda a elegir un objetivo que sea razonable, una oración larga y fácil de recordar. Este es un gran objetivo para tener: "Todos los días creo una mente más positiva". El camino a seguir es simple, corto y positivo. Dí esto cada vez que tengas una oportunidad; incluso si te sientes extraño o falso al principio, se hará realidad a medida que el proceso avance.

Aquí hay otro truco útil para comenzar a usar ahora mismo. En estos días, los mejores atletas del mundo utilizan la visualización como una parte importante de su entrenamiento. Si estás entrenando para ganar una carrera, corres todos los días, comes de manera saludable y visualizas en tu mente el momento real en el que pasas a tus oponentes y rompes la línea de meta por delante de todos los demás.En este momento, puedes dejar de leer por un momento, cerrar los ojos e imaginar que tu mente se está convirtiendo en un espacio más positivo y lleno de luz. Míralo iluminarse con luz positiva. Pruébalo ahora. Puedes hacer este pequeño ejercicio en cualquier momento, incluso si solo tienes 3 segundos de sobra. Una vez más, puede parecer falso al principio, o es posible que veas solo una luz diminuta o ninguna luz en absoluto. Esto está bien. Tu mente, tu cuerpo y tu cerebro están intentando algo nuevo, por lo que puede tomar muchas veces antes de que esto sea natural. Sólo mantén la bola rodando. Ahora, vuelve a cerrar los ojos y ve que tu mente se ilumina con una luz brillante positiva.

¿Cómo se sintió eso? Inténtalo por tercera vez ahora mismo. ¿Fue eso diferente? Este pequeño ejercicio de visualización es como andar en bicicleta. Puede tomar muchas veces volverse natural, ¡pero será tuyo por el resto de tu vida! Y recuerda que está cambiando tu propia mente para mejor, y cuanto más practiques, más progresarás.

Ahora, tómate un momento para pensar en estos dos últimos capítulos y toma nota de las tres técnicas que ya tienes, preguntando si fue "demasiado caliente", "demasiado frío" o "simplemente correcto"; recordándote a ti mismo tu meta simple de una oración; y visualizando una mente llena de luz positiva. ¡Es tan importante que uses estas pequeñas técnicas todos los días, y si faltas un día, no te preocupes! ¡Solo sigue y recuerda que este es un juego que ganas mientras sigues jugando!

Capítulo 4: Saltar sobre trampas y escollos

Siempre puedes regresar y releer este libro en cualquier momento que sientas que necesitas orientación o motivación. Este libro está diseñado para ayudarte a ser más feliz, así que manténlo cerca y deja que te ayude con la frecuencia que desees. A veces, todos necesitamos que nos recuerden las cosas que ya sabíamos, pero olvidamos con el tiempo. Esto es normal, y no hay vergüenza en mirar hacia atrás sobre lo que ya has leído. No hay vergüenza, solo gana!

Como aprendimos antes, siempre tendrás contratiempos, momentos en los que te equivocaste y oportunidades perdidas para mejorar. Eso está bien, eso es normal, y eso es algo que todos enfrentarán. Sin embargo, eso no significa que quieras saltar directamente a cada mala situación o golpear de cabeza a cada obstáculo. Parte de mantener un ciclo positivo en marcha es poder pasar por delante de tantos obstáculos como sea posible, y este capítulo te dará herramientas para ayudarte a mantenerse en curso. Recuerda siempre que los obstáculos, los contratiempos y las molestias son normales.

Recuerda que estamos buscando tener una mente de principiante, como un bebé. Los bebés aprenden y crecen todos los días, pero los bebés también se lastiman, se sienten incómodos y lloran todo el tiempo. Cuanto más puedas aceptar que habrá contratiempos, incomodidad y desafíos, más fácilmente los superarás. En otras palabras, a medida que aceptes la dificultad, serás más feliz y más positivo con el tiempo. Alguien que compra un boleto de lotería que espera ganar se sentirá decepcionado cientos o miles de veces antes de ganar. Sin embargo, alguien que compra un boleto de lotería esperando nada, solo puede ser feliz cuando gana y se sentirá completamente normal cuando no lo haga. El juego de volverse más positivo es muy parecido a esto de alguna manera. Espera que no estés jugando un juego de azar ahora.

Estás jugando un juego de habilidad! Esto significa que al practicar el equilibrio y tener una mente de principiante, el juego se vuelve más fácil de jugar y tu mente se vuelve más positiva. No hay ninguna posibilidad involucrada, solo el esfuerzo que haces para continuar jugando.

A medida que apliques las tres técnicas de los últimos capítulos (formular la pregunta, repetir su objetivo y visualizar una mente positiva), te volverás más positivo. Pero el mundo fuera de ti será básicamente el mismo. Esto significa que los obstáculos habituales de la vida todavía se presentarán, y tu todavía tendrás que encontrarlos. La mejor manera de lidiar con esto es moverse sobre estos conflictos antes de que se conviertan en problemas reales. Sin embargo, también quiere asegurarse de estar involucrado en tantas situaciones positivas como sea posible. Cuando comienza una situación, pregúntate cómo te sientes. Tu mente ya es muy buena para ver el mundo con precisión, pero a veces, todos nos olvidamos de pedirle que haga su trabajo.

Incluso puedes simplemente hacer la pregunta de los capítulos anteriores, simplemente cambiarla para que se aplique a la situación que te rodea. Si la situación es "demasiado caliente", puedes sentirte peligroso, enojado, demasiado activo, impredecible o inestable. Si la situación es "demasiado fría", puedes sentirte totalmente libre de riesgos, deprimido, completamente cómodo, no tener movimiento o no tener potencial para crecer. Estos son los dos tipos generales de obstáculos en la vida. Ambos te hacen perder tu energía y tiempo: uno te hace correr y hacer cosas que son innecesarias, mientras que el otro te hace quedarte en un lugar y nunca cambiar.

Pero algunas cosas no son obstáculos en absoluto, sino situaciones que te ayudan a mejorar. Estos son los lugares, los espacios y las personas con las que deseas rodearte. Si algo está "bien", te sentirás incómodo pero estable, desafiante pero seguro, o incluso inseguro pero inocente. La clave también es buscar cosas que te hagan aprender y crecer. Y debes trabajar para mantener el equilibrio en este proceso. Saltar sobre las trampas y las trampas de la vida significa desarrollar el discernimiento para ver las cosas como realmente son y luego elegir las cosas en las que saltar. Cometer errores está bien siempre que aproveches cada oportunidad para aprender y mejorar tu enfoque para la próxima vez. ¡Este es un pensamiento realmente positivo, que convierte un revés en una oportunidad para el crecimiento y el aprendizaje!

Por ejemplo, alguien que nunca ha levantado pesas antes hace tantas repeticiones como sea posible con un peso pesado. Son muy desafiados pero totalmente inseguros. Definitivamente, también terminan lastimándose y podrían no volver a entrenarse, por lo que pierden mucha energía y tiempo, ya que ahora tienen que curarse. Si la misma persona elige hacer solo tres repeticiones con el peso más liviano posible, está totalmente segura pero no será desafiada en absoluto. Incluso si siguen haciendo esto todos los días, no tendrá ningún efecto real y, básicamente, permanecerán igual para siempre. Si esa persona elige un peso medio y hace un número razonable de repeticiones, puede continuar, sentirse desafiada y ver un crecimiento real y un cambio positivo con el tiempo. Nuestra mente es así, desafíenla de manera razonable al acercarse a las cosas con una mente abierta y de principiante. Cuando una nueva situación o persona entra en tu vida, haz lo mejor que puedas para mirarlos con esta pregunta en mente. No es importante tomar una decisión de inmediato, ya que puede llevar tiempo aprender lo suficiente para responder la pregunta. Simplemente acércate con la mente de un principiante y recuerda que siempre puedes cambiar de rumbo cuando surja la necesidad.

Ahora, aplica esta pregunta a algunas situaciones en tu vida actualmente, ¿cómo se sienten estas situaciones? Los que caen en las categorías "demasiado caliente" o "demasiado frío" deben cambiar de alguna manera. No puedo decir cómo o qué porque cada situación es diferente, solo mira honestamente y pregúntate si te están ayudando. ¿Realmente te están ayudando a crecer? ¿Estás aprendiendo algo de ellos? ¿Y están creando las condiciones para que desarrolles una mente más positiva? Estas son preguntas profundas y personales, así que háztelas lo más honestamente y con la mayor claridad posible.

Incluso las personas más dedicadas y capacitadas encontrarán desafíos, entonces, ¿cómo hacen las personas exitosas y positivas para enfrentar estos obstáculos? Hacen todo lo posible por mantener una perspectiva positiva y utilizan cada desafío para aprender y crecer de cualquier manera que puedan. ¡No temas el cambio, abrázalo porque lo único que no cambia es el hecho de que todo cambia! Aplica la pregunta, recuerda tu meta y visualiza el cambio positivo en tu mente. ¡Ahora, ya te estás moviendo en la dirección correcta!

Capítulo 5: Crear el éxito a través de la visualización

Hemos hablado sobre qué es una mente positiva y cómo evitar algunos de los escollos que evitarán que tengas una mente positiva. Ahora es el momento de hablar sobre otro beneficio importante de mantener una mente positiva. Ese beneficio es el poder de la visualización. Al utilizar tu mente positiva para rodearte de pensamientos positivos y visualizar el éxito, es más probable que tengas éxito.

La forma en que funciona es que visualices lo que sea en tu vida en lo que te gustaría tener éxito. Ya sea un trabajo, un evento deportivo, obtener lo mejor de sí mismo en el gimnasio, correr una maratón o lo que sea, imaginarse que estás haciendo bien es el primer paso para convertirlo en realidad. Las personas que tienen más confianza en sí mismas tienen más probabilidades de tener éxito. Y la confianza en sí mismo proviene de tener una mente positiva.

Algunos ejemplos de personas que

visualizan su camino hacia el éxito incluyen atletas que están imaginando ganar un juego o ubicarse en un evento, empresarios que han hecho una venta o una oferta concreta, o alguien que se ha esforzado por ganar un ascenso. Cada una de estas situaciones se puede lograr visualizando el éxito. A través del trabajo arduo y una perspectiva positiva, podrás lograr lo que sea que te propongas.

Tomemos al atleta, por ejemplo. Digamos que entrenan para el deporte de su elección todos los días de la semana. Ya sea que eso signifique ir al gimnasio para entrenamiento de fuerza, correr para aumentar su resistencia cardiovascular o realizar ejercicios, estos son solo ejercicios físicos. Los ejercicios físicos son solo la mitad de la batalla. La otra mitad viene en forma de preparación mental. La preparación mental puede ser cualquier cosa, desde calmar sus nervios y entrar en un estado de enfoque puro hasta imaginar todas y cada una de las acciones que tomará para tener éxito. Cuanto más detallada y detallada sea su visualización, más probabilidades tendrá de hacer esa visualización una realidad.

Continuando a lo largo de la metáfora del atleta, digamos que eres un jugador de béisbol. Si quieres ganar un juego, tendrás que imaginarte cada acción que necesitarás para hacerlo. Piensa en todo lo que podría suceder en el transcurso de un juego y cómo reaccionarás ante él. Una vez que tengas tu plan, mantén una actitud positiva y conviértelo en una realidad. Estarás preparado mentalmente para lo que sea que te arrojen y mentalmente lo suficientemente fuerte como para seguir adelante.

Si después de todo esto eres un poco escéptico, ¡no te culpo! Sin embargo, los estudios han demostrado que aquellos que prevén el éxito tienen más probabilidades de tener éxito. Además, aquellos que repasan una rutina mental antes de seguir físicamente tienen más probabilidades de retener lo que participaron. Un estudio que siguió a gimnastas hizo que un grupo solo fuera al gimnasio y hiciera ejercicio, mientras que el otro grupo revisó su rutina mentalmente primero. El grupo que revisó su rutina mental mostró una mejor retención muscular y, en general, resultados más positivos.

Entonces, no solo tener una mente fuerte y positiva te mantiene en buena salud mental, también puede mantenerte en buena salud física.

Comienza a visualizar tu camino hacia el éxito hoy. El mejor momento para empezar siempre será ayer. El segundo mejor momento es hoy. No sigas viviendo en arrepentimiento. Comienza tan pronto como te levantes. Visualiza tu rutina matutina, luego el mediodía, entrando temprano en la tarde y en la noche. Has esto todos los días, todos los días imaginando un poco de éxito para ti y conviértelo en un objetivo para que el éxito se convierta en realidad. Ahora, ve allá afuera e imagina un yo más grande.

Bono: Crear otras mentes positivas

Muchas personas que son buenas en algo, terminan enseñando eso más tarde en la vida. ¡Una de las razones por las que hacen esto es que enseñar algo a los demás te ayuda a recordar eso! No estoy pidiendo que todos los que leas este libro escribe tus propios libros o abre tu propia escuela de Pensamiento Positivo, porque ese no es el papel de cada persona en la vida. Este capítulo trata sobre las pequeñas oportunidades diarias que todos tenemos para enseñar a otros y difundir un poco de felicidad. Aquí encontrarás algunas herramientas con las que puedes difundir algo de lo que has aprendido aquí y al menos agregar un poco de brillo al día de alguien.

Piensa en lo bien que se siente si un extraño te sonríe o si la persona que está en el mostrador de la tienda de comestibles está contenta sin ninguna razón. Las personas que difunden este tipo de felicidad pequeña y aleatoria no solo están ayudando a los demás, sino que también se están haciendo más felices. Intenta sonreír ahora mismo. Probablemente te sentiste un poco más feliz de inmediato. Tal vez fue sutil, pero estaba allí. Pruébalo otra vez :)

Los seres humanos tienen algo llamado "neuronas espejo", lo que significa que reflejamos los sentimientos de las personas que nos rodean sin siquiera intentarlo. Significa que cuando alguien nos da una sonrisa genuina en la calle, también tenemos ganas de sonreír. Esto es cierto incluso para alguien que vemos en un televisor o en una imagen. ¡Este pequeño hecho de la vida se puede usar como práctica, con el objetivo de crear positividad en las mentes de otras personas!

En cierto modo, la difusión de la positividad será una cosa automática. A medida que te conviertes en una persona con una mente más positiva, mostrarás más positividad al mundo sin siquiera intentarlo. Este es un efecto secundario maravilloso de una mente positiva y si elige agregar positividad a sus acciones de manera regular, ¡el impacto será absolutamente enorme! Por lo que podemos decir, no hay una cantidad limitada de positividad en el mundo. No es que puedas obtener más al tomar de los demás, de hecho, es lo contrario. Mientras más positividad muestres, más gente tendrás a tu alrededor. Y a medida que las personas sigan tu ejemplo, te mostrarán la misma positividad. Es como tu y todos los que te rodean son espejos, que reflejan positividad de un lado a otro. Recuerda que las "neuronas espejo" hacen esto sin siquiera intentarlo, así que agrega una sonrisa adicional o palabras amables a tus acciones y veras qué sucede. Puede que no sea instantáneo, pero al menos te hará un poco más feliz de inmediato.

Hay otro aspecto de este pequeño tipo de enseñanza en el que es bueno pensar. Las personas aprenden y emulan a quienes les rodean que dan buenos ejemplos. A medida que practiques y desarrolles una mente más positiva, darás el ejemplo de una persona más feliz y equilibrada que otros querrán emular. No intentes forzar esto, solo sucederá naturalmente con el tiempo. Pero si alguien te pregunta sobre algo relacionado con lo que aprendió a través de este proceso, entonces se te presenta un momento para compartir algo de valor. Tal vez puedas decirles cómo hacer la pregunta, hacer y repetir un objetivo simple, o decirles cómo visualizar una mente positiva. Si todavía están interesados, tal vez puedas contarles sobre este libro si te parece bien. Nuevamente, estos momentos solo pueden ocurrir naturalmente por su propio interés y preguntas. Este libro no se trata de llamar a las puertas de las personas y hacer correr la voz. La mejor manera de enseñar es ser lo que deseas enseñar. Un profesor de matemáticas debe saber matemáticas, y un profesor de música debe saber música, de modo que solo puede mostrar a otros cómo tener una mente positiva una vez que realmente está desarrollando uno por su cuenta.

Este último capítulo es simplemente algo que debe mantenerse en mente mientras practicas y desarrollas con el tiempo. Deja que las oportunidades de difundir la positividad te lleguen. Si mantienes los ojos abiertos y tienes una mente de principiante, ¡habrá muchos de ellos! La vida está llena de sorpresas, altibajos y todo lo que hay en medio. La clave del éxito es moverse y cambiar, y aprovechar cada oportunidad para aprender y crecer. Si das los primeros pasos, ya estás en camino. Bienvenido a tu viaje hacia una vida más feliz, más saludable y más equilibrada. Todo lo que necesitas ya está dentro de ti. Solo recuerda aplicar estas herramientas simples tanto como puedas. ¡Felices viajes y felices mentes!

Conclusión

¡Gracias de nuevo por descargar este libro! Espero que este libro pueda ayudarte a desarrollar una mente más positiva, un cuerpo más sano y una vida más equilibrada.

¡El siguiente paso es seguir practicando con las herramientas de este libro y volver a leer los capítulos si necesitas inspiración o simplemente un recordatorio! Solo sigue aplicando la mente del principiante y las técnicas presentadas aquí.

¡Gracias y buena suerte!

www.ingramcontent.com/pod-product-compliance
Lightning Source LLC
Chambersburg PA
CBHW071908070526
44583CB00016B/1901